AF279080

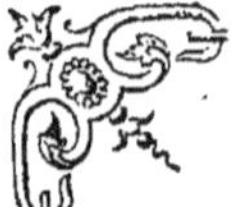

DÉFENSE NATIONALE

FORTIFICATIONS FORESTIÈRES

LA GUERRE SOUS BOIS ET DANS LES HAIES

(Mémoires accueillis par le Comité de défense du Cher.)

PAR

E. RAMEAU

PRIX : 25 CENTIMES.

—

BOURGES

CHEZ E. PIGELET, IMPRIMEUR-ÉDITEUR

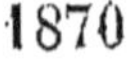

1870

AVANT-PROPOS.

> Les forêts et les montagnes sont les abris et les forteresses naturels des peuples envahis; c'est par une étrange aberration d'esprit que, depuis le commencement de cette guerre, on a négligé les forêts en les abandonnant le plus souvent à l'ennemi.

Pour nous défendre utilement et sérieusement dans l'état critique où nous ont placé des revers successifs, il ne suffit pas seulement comme il y a un siècle de compter sur notre élan patriotique, notre courage et nos armes, il est nécessaire, dans les circonstances militaires actuelles, d'accroître et de soutenir notre force en tirant parti de toutes les ressources accidentelles ou topographiques que la nature peut nous offrir.

Notre armée, composée en grande partie d'éléments nouveaux, ne possède pas toute la solidité des vieilles troupes. L'ennemi a sur nous, avec une grande supériorité d'artillerie et de matériel, le bénéfice moral du succès; il faut donc s'efforcer de racheter ces désavantages en profitant, comme l'ont fait tous les peuples envahis, des obstacles naturels que présentent les montagnes, les rivières,

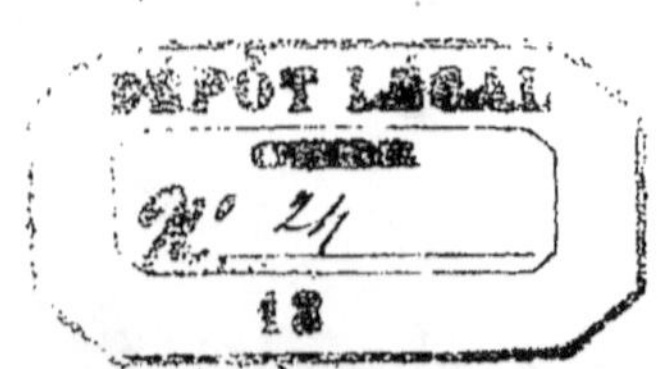

les forêts, les marais, etc. Or, le centre de la France n'est point montagneux, la sécheresse fatale de l'année a réduit nos rivières à néant, mais nous possédons de grands massifs de bois et des pays coupés de haies, tâchons donc d'en faire notre profit pour seconder notre défense et doubler nos forces.

Les moyens que nous proposons, et que nous avons vu expérimenter dans un autre continent, sont bien simples et dépourvus à vrai dire du piquant de la nouveauté, plusieurs peut-être leur reprocheront même cette trop grande simplicité; personne cependant ne paraît y songer ni se soucier de s'en servir, c'est là ce qui nous autorise à mettre en lumière les résultats de notre souvenir et de notre expérience. Si l'on veut en effet inaugurer une guerre nationale, si l'on veut que les populations se défendent, le moins qu'elles puissent attendre de l'État, c'est qu'il leur imprime un mouvement d'ensemble en fournissant une direction et des points d'appui. Tel est le but des observations qui vont suivre et que plusieurs personnes ont honoré d'une chaleureuse adhésion.

E. RAMEAU,

Propriétaire à Châtillon (Loiret).

PREMIÈRE PARTIE

LIGNES D'ABATTIS ET BARRICADES

Dans la première séance du Comité départemental du Cher, on nous pria de rédiger un mémoire, au sujet de certaines idées émises dans son sein, sur la défense et la protection du département contre les incursions des cavaliers et maraudeurs qui pourraient se détacher de l'armée prussienne.

Ce mémoire, que nous avons adressé au Comité, proposait, en substance, d'établir sur toutes les routes et chemins, dans les massifs boisés, qui courent de la forêt de Vierzon au nord du Sancerrois, un ensemble de barricades et d'abattis, formant une ligne continue d'obstacles propres à arrêter la circulation de la cavalerie et des maraudeurs.

Chacun sait en effet que les incursions des Prussiens, sur leurs flancs, procèdent toujours par de légères avant-gardes de cavaliers, suivis plus ou moins de corps de cavalerie qui dépassent rarement deux ou trois mille hommes; l'infanterie paraît peu au commencement ou en très-petit nombre, toutes les fois qu'il ne s'agit pas d'expéditions capitales destinées à préparer un passage important ou une occupation définitive.

Or, il est visible qu'une barricade ou abattis d'arbres, dans les traversées de massifs boisés, interdisent toute liberté d'évolution à la cavalerie ; les cavaliers ne peuvent les franchir sans les démolir, ce qui n'est point aisé quand elles sont défendues ; ils ne peuvent non plus s'engager dans les bois pour les tourner immédiatement ; et lorsque tous les chemins sont ainsi obstrués sur une certaine étendue, il faut, pour les tourner à distance, un développement de forces démesuré avec le résultat que se proposent ces sortes d'expéditions.

Quant au pays lui-même il ne reçoit de ces obstacles qu'un inconvénient médiocre ; car tout en obstruant les routes ils ne les dégradent point comme les tranchées ; et en les construisant en deux branches croisées, elles permettent la circulation locale jusqu'au moment même où on a besoin de les fermer tout à fait.

Nous proposions en même temps de relier ces diverses barricades par des abattis légers pratiqués dans les bois intermédiaires ; on aurait ainsi formé une ligne d'obstacles en quelque sorte continue, propre à abriter les tirailleurs et éclaireurs en empêchant l'ennemi de les tourner et en leur assurant à eux-mêmes soit des lignes de retraite, soit une grande liberté de communication entre eux.

Nous ne pensons point être démenti par personne en assurant qu'aucune espèce de disposition ne serait plus efficace, pour utiliser, dans une résistance sérieuse, les efforts de la garde mobile et de la garde nationale sédentaire ; ce mode de combattre étant plus conforme que tout autre à leurs habitudes de vie et plus facile aussi à supporter pour leur inexpérience militaire.

Nous sommes entrés vis-à-vis du Comité dans de grands détails sur la préparation, la construction et la défense de ces barricades et abattis que nous avons vu souvent utilisés en Amérique ; et il est résulté de cet examen que, avec le concours des agents des ponts et chaussées pour la direction du travail, on pourrait, en quatre jours, barricader tous les chemins du département entre Sancerre et Vierzon. Quand à la dépense, elle ne devrait pas dépasser 15 à 20,000 francs.

Il fut établi également que, sans avoir la prétention de pouvoir résister à l'invasion d'un corps d'armée, ce genre de fortification peut être efficacement employé soit ici, soit ailleurs, pour empêcher les pointes de cavalerie et de fourrageurs que les Prussiens ne tarderont pas à faire rayonner tout autour d'eux pendant le siége de Paris.

L'action de l'artillerie est peu efficace contre ces obstacles, tant qu'il ne s'agit que de quelques pièces d'artillerie volante, parce que les boulets passent presque toujours au travers, et qu'ils sont d'ailleurs trop faibles pour entamer ou ébranler les arbres abattus.

Sans entrer ici à ce sujet dans de plus longues explications sur les détails de la construction et de l'outillage nécessaire, nous nous contenterons de donner une description sommaire de ces barricades forestières qui peuvent être établies par tout le monde d'une manière aussi facile que prompte.

Des Abattis. — Lorsqu'une route ou un chemin traverse un bois, il suffit d'abattre un certain nombre d'arbres futaies ou réserves de taillis, de les coucher transversalement à la route, tous garnis de leurs branchages, en les empilant et enchevêtrant les uns dans les autres ; on engage une des extrémités de la barricade jusque dans le taillis qui borde la route d'un côté, et on conduit l'autre extrémité jusqu'à une distance de sept à huit pieds du bord opposé. En avant on reforme une seconde branche qui couvre l'ouverture ménagée ; on tolère ainsi la possibilité transitoire de la circulation, et au moyen des charrettes dont on s'est aidé pour le travail, on peut, en cinq minutes, obstruer le passage au moins provisoirement, sauf à consolider le tout ensuite avec quelque nouvel abattis. — On peut aussi tailler une partie des branches en sifflet en manière de chevaux de frise.

De chaque côté de la barricade on pratique dans le taillis deux réduits bien palissadés pour servir aux tirailleurs de logement et d'abri contre la mousqueterie, car c'est de là et à couvert qu'ils devront s'opposer à toute entreprise de passage. A l'extrémité de ces réduits commencent des lignes d'abattis destinés à arrêter l'ennemi dans le bois, et en arrière desquels se forme un sentier qui est à la fois une ligne de surveillance, de communication et de retraite couverte dans l'occasion.

Des Trouées. — Ces lignes d'abattis courent entre les chemins d'une barricade à l'autre, formant ainsi une ligne défensive et continue. Dans un tel système, une des plus grandes difficultés est celle des *trouées*. On appelle trouées les intervalles cultivés ou découverts qui peuvent exister entre deux bois et qui, par conséquent, rompent la continuité des massifs boisés. Souvent ces trouées ne sont qu'un inconvénient apparent ; ainsi dans tous les pays coupés de fortes haies, les champs sont plus faciles à fortifier que les bois eux-mêmes ; partout où il existe des plantations nombreuses et des clôtures, il est encore assez facile d'en tirer parti pour les rendre difficilement praticables; enfin, les pays marécageux, les rivières ou les escarpements peuvent encore être utilisés avec avantage pour obtenir une série d'obstacles qui rétablissent la continuité de la ligne défensive.

Si la trouée est tout à fait découverte et qu'elle soit néanmoins très-étroite relativement à une ligne de défense longue et solide, à la quelle on doit tenir, il y a encore avantage à la fortifier artificiellement avec du terrassement et des bois charroyés. Mais si elle est trop large et absolument dénudiée, ce peut-être un motif suffisant pour abandonner ou modifier une ligne de défense même très-forte par ailleurs.

Du reste on doit considérer aussi que l'ennemi, à moins d'être en force assez considérable, ne s'engage pas toujours aisément ni volontiers dans une trouée qui lui est ainsi laissée libre; ses flancs se trouvent exposés à des attaques latérales s'il néglige les lignes fortifiées qu'il laisse en arrière; il arrive parfois même que l'on utilise précisément l'inconvénient de la trouée pour en faire un piège où l'assaillant vient se prendre et se faire envelopper.

Des éclaireurs. — Le complément nécessaire d'un tel système de défense est l'organisation d'éclaireurs à pied ou à cheval parfaitement exercés; l'apprentissage et la pratique du métier d'éclaireurs sous-bois serait pour les hommes de garde un exercice beaucoup plus utile que les manœuvres militaires ordinaires. C'est un point trop négligé dans notre éducation militaire, et cette omission a été trop souvent une des causes des nos revers.

—Si nous résumons maintenant l'utilité et les avantages que l'on peut retirer de ce plan d'obstacles forestiers, même à l'état superficiel que nous venons d'exposer, nous trouvons : — que l'exécution en est prompte et facile; — qu'elle est peu dispendieuse —; que la défense n'exige qu'un nombre d'hommes relativement restreint; — que l'on trouve sur place tous les éléments nécessaires, hommes et matériaux; — que ce genre d'obstacles s'approprie parfaitement, tant pour la construction que pour la défense, aux habitudes de ceux qui seront naturellement appelés à les soutenir, soit mobiles soit gardes nationaux.

— De plus, cette obstruction des routes, tout en présentant une protection sérieuse et efficace, écarte des villes et villages les dangers qu'entraînent pour les habitations, les fermes, les enfants, pour toute la population inoffensive, les irritations et les conséquences d'une lutte engagée immédiatement près des centres habités; lutte aussi inutile que fatale toutes les fois que ces centres ne sont pas régulièrement fortifiés, et en voici la raison : c'est qu'ils offrent à l'ennemi dix fois plus de prise que l'on n'en a sur lui-même, et sans espoir d'une résistance prolongée.

—Enfin ces lignes défensives coupent la circulation sans entamer les routes, et peuvent offrir un appui utile aux opérations de l'armée active, en modifiant et consolidant les rudiments de fortications qu'elles forment d'abord. C'est le développement de cette idée qui a fourni le sujet du second mémoire présenté au Comité de défense et qui va être exposé dans les pages suivantes.

DEUXIÈME PARTIE

DES REDOUTES ET CAMPS RETRANCHÉS

Tout le monde sait que les opérations militaires comportent une action combinée entre les armées actives et les places fortes, qui leur servent de centres de ravitaillement, de base pour l'action et de soutien en cas de retraite; or chacun sait malheureusement aussi que, dans la campagne qui va s'engager au centre de la France, les places fortes font absolument défaut à l'armée; cependant elles ne s'improvisent pas; ne pourrait-on donc point en chercher un équivalent approximatif et d'une prompte exécution, au moyen de camps retranchés à établir dans les bois, et auxquels les lignes d'abattis serviraient de base et d'élément primitif?

Telle est la question que nous nous posons; pour la résoudre il faut examiner: — 1° La valeur des fortifications que l'on peut improviser dans les bois — 2° le point de liaison utile qui peut exister entre les fortifications légères que l'on peut édifier en quelques jours et les fortifications plus solides que l'on devrait établir ultérieurement; — 3° enfin le temps et la dépense nécessaires pour cet établissement.

De la valeur des fortifications dans les bois. —

Quand nous avons parlé de lignes de barricades et d'abattis, nous avons supposé des arbres couchés transversalement, et tirant leur force principale de leür enchevêtrement mutuel : supposons maintenant ces mêmes arbres disposés méthodiquement en les couchant perpendiculairement à l'axe fortifié, le pied fortement butté dans la terre, et la tête dressée sur ses grosses branches qui se présentent de front; plaçons ensuite transversalement à cette ligne d'arbres de fortes pièces de bois qui seront passées au travers de leurs branches, et nous obtiendrons ainsi une sorte de muraille de bois engagée et appuyée dans des contre-forts de bois debout, d'une résistance extrêmement forte, formant une construction assez analogue aux butées établies dans les gares de chemin de fer, pour arrêter les locomotives. Comme l'on peut augmenter à volonté le nombre des bordages ou pièces de bois qui forment la muraille transversale, on peut lui donner la plus grande puissance de résistance possible.

Par devant cette carcasse fortement constituée, si l'on creuse un fossé dont les déblais seront rejetés dans cette carcasse même de manière à la remplir, on obtiendra une redoute analogue à celles qui ont été si avantageusement mises en œuvres à Sébastopol; la construction sera même ici plus forte, parce que nous aurons employé du bois vert au lieu de bois sec, et du chêne au lieu de sapin. Ces travaux, comme résistance à l'artillerie, sont supérieurs à la maçonnerie, en ce qu'il est beaucoup plus difficile de les couper pour provoquer l'éboulement, ils sont aussi plus faciles à réparer ou à renforcer même sous le feu de l'ennemi, et l'on dispose en arrière de ces ouvrages des batteries ou réduits casematés, au moyen de pièces de bois accumulées en grille au dessus des canons.

Après avoir établi de telles constructions sur tous les points où l'on veut constituer soit des saillants, soit une résistance spéciale, on peut les unir entre elles par de très-forts abattis bien pallissadés qui formeront des courtines.

Un camp retranché fortifié de cette façon, s'il n'offre pas tous les avantages d'une place forte régulière, présentera du moins une valeur assez sérieuse pour permettre à une armée inférieure en nombre de résister dans de bonnes conditions à une force agressive redoutable et pourvue même d'engins et d'artillerie supérieurs à ceux de la défense. Ce n'est pas en effet un des moindres résultats d'un tel plan de défense, que d'annuler une partie de la puissance de l'artillerie de l'assaillant, la situation des lieux rend en effet la circulation difficile, et tandis que la direction et la certitude de son tir est retardée pendant un assez long temps, celui qui est attaqué a toute facilité pour dissimuler et masquer ses mouvements et ses dispositions; ajoutons que les bombes, dans cette situation, sont d'une médiocre efficacité, et l'incendie impossible dans les bois qui sont employés tout verts; seulement il faut s'écarter autant que possible des massifs de bois résineux.

La valeur des fortifications de bois et dans les bois est donc considérable contre l'artillerie et tend à rétablir l'égalité entre celui qui possède moins de matériel et celui qui en possède beaucoup.

C'est pourquoi nous concluons que l'on peut raisonnablement se promettre un point d'appui solide derrière de tels retranchements, et lorsque l'on manque totalement de places fortes, on doit se regarder comme heureux de pouvoir leur donner un semblable équivalent, surtout lorsque l'on songe que le temps et la dépense nécessaires pour établir les unes et les autres sont dans la proportion de cent à un.

De la liaison qui peut exister entre les barricades légères et les fortifications solides — Lorsqu'une ligne de barricades ou d'abattis légers a été construite au travers d'une contrée, si l'on choisit sur son parcours quelques positions stratégiques qu'il convienne de fortifier pour y installer soit un camp retranché, soit une forte redoute, on peut utiliser les travaux déjà existants, soit en perfectionnant leur construction, soit surtout en disposant les nouveaux travaux, sous forme d'ouvrages avancés, en avant de la ligne et sur les lisières des parties boisées.

Si on relie le tout ensemble, ou si l'on veut tirer une utilité sérieuse des premiers travaux, il sera souvent nécessaire de renforcer le travail primitif soit d'une manière continue, soit en y créant des blockhaus de distance en distance; parfois au contraire les anciens travaux pourraient gêner les nouveaux, il faudrait alors les détruire et les matériaux peuvent en être utilisés immédiatement.

Du temps et des dépenses nécessaires. — Le grand avantage que l'on a d'avoir sous la main et en quelque sorte sur place presque toute la masse des matériaux à employer, abrégera singulièrement la durée du travail en épargnant et économisant les transports. La facilité et la simplicité des travaux de main d'œuvre permettent de les entreprendre simultanément sur tous les points du tracé, en commençant par les positions les plus importantes sur le pourtour, sauf à les raccorder ultérieurement; aussi serait-il possible qu'en 15 ou 20 jours tout le gros œuvre fût terminé.

Combien de temps faudrait-il pour la moindre fortification en maçonnerie!

Il en est de même pour la dépense qui se résoudra presqu'entièrement en travaux de main-d'œuvre grossière et en quelques menus frais de transports. Les matériaux en bois appartiennent presque toujours au gouvernement lui-même, et ils n'entraîneront qu'une indemnité assez légère lorsqu'ils seront la propriété des particuliers, car le bois pris sur les lieux même de production est au plus bas de sa valeur.

Si nous négligeons ces indemnités, on peut évaluer la mise en œuvre de ce genre de travaux à 50 francs le mètre courant; on pourait donc établir une redoute de mille mètres de développement pour 50,000 francs, et un camp retranché de douze mille mètres de tour, pouvant tenir lieu de place de soutien et de refuge, pour 600,000 francs — le magasinage intérieur et l'armement restant en dehors de ces évaluations. Il est bon de remarquer en terminant, que le campement dans les bois est extrêmement facilité par le cabanage.

De l'application. — Ce n'est ici ni le moment ni le lieu d'entrer dans l'examen d'une application spéciale et topographique d'un tel système; c'est aux officiers généraux qu'il appartient, en faisant leur plan de campagne, de déterminer où il peut leur être utile d'établir des fortifications temporaires; mais chacun peut facilement comprendre, d'après ces courtes explications, avec quelle promptitude et avec quels avantages on pourrait, en s'appuyant sur les forêts, constituer une ligne de défense soutenue par une place forte considérable quoique provisoire, et par de puissantes redoutes.

Les Américains ont tiré le plus grand parti de ces fortifications forestières à divers époques, et encore ce ne sont point eux qui les ont imaginées, ce sont nos propres soldats et nos colons du Canada qui, au milieu du siècle dernier, de 1755 à 1760, ont pu lutter victorieusement avec leur aide contre l'invasion anglaise. Nous ne saurions trop recommander à ce propos la lecture du livre si instructif de M. Dussieux, professeur à l'école Saint-Cyr, sur la guerre du Canada, sous *Montcalm, Vaudreuil* et *Bougainville*. On y verra quelles éclatantes victoires un petit nombre d'hommes (5 à 6,000 contre 20 et 25,000), a pu remporter, notamment à *Carillon* et à *Montmorency*, grâce à ce système d'abattis et de redoutes pratiquées dans les bois.

Résumé. — Le premier avantage de ces fortifications pour une armée en campagne est d'appuyer et de faciliter ses opérations. Notre armée est aujourd'ui, on ne peut se le dissimuler, dans une situation difficile ; les corps, formés en majorité d'éléments nouveaux, manquent d'assiette et d'homogénéité, la confiance est ébranlée par les précédents revers, le matériel et l'artillerie sont probablement insuffisants. Vis-à-vis d'un ennemi qui possède une formidable artillerie, il sera donc malaisé d'opérer très-librement en rase campagne, et, il serait essentiel de pouvoir appuyer les opérations actives sur des abris, sur des lignes défensives et des fortifications de campagne ; aucunes ne peuvent être plus efficaces, plus promptes et plus utiles que celles que nous proposons ici.

La seconde utilité que l'on retirera des camps retranchés et des bois fortifiés sera de créer des centres abrités pour l'approvisionnement, le ravitaillement et la formation des renforts et des convois.

Le troisième avantage sera de ménager en arrière de fortes lignes de retraite et des têtes de défenses, éminemment utiles en cas d'échec, d'autant plus utiles que de tels camps retranchés annulent une partie de la force de l'artillerie ennemie et permettent mieux un combat à forces inégales.

Enfin, nous insisterons sur une dernière considération dont plusieurs contesteront peut-être le prix, mais qui cependant nous paraît assez grave : Si l'on multiplie ces lignes de défense en les développant sur les flancs de l'ennemi, on substituera peu à peu en réalité un nouveau mode de guerre au précédent. Substitution profitable par elle-même, mais ayant en outre cet avantage de relever le moral du soldat en fournissant une nouvelle carrière à ses soucis et à son imagination, tandis qu'elle jettera une certaine inquiétude et hésitation chez l'ennemi par la perspective du nouveau et de l'inconnu.

Ainsi promptitude et économie d'exécution; — Compensation avantageuse de forces; — Point d'appui solide pour l'attaque; — Lieu sûr de ravitaillement; — Forte place de retraite; — Soutien moral en même temps que matériel pour le soldat : Tels sont les points qui recommandent ces considérations à l'attention de l'Armée et du Pays entier.

Bourges, imp. de E. Pigelet, rue des Arènes, 33.